Short Stories in Spanish

for Beginners

by Daria Galek

While every precaution has been taken in the preparation of this book, the publisher assumes no responsibility for errors or omissions, or for damages resulting from the use of the information contained herein.

SHORT STORIES IN SPANISH FOR BEGINNERS

First edition. August 3, 2023.

Copyright © 2023 Daria Gałek.

ISBN: 979-8223262435

Written by Daria Gałek.

Table of Contents

Introduction

"Short Stories in Spanish for Beginners" is a collection of 20 easy-to-read short stories designed for novice Spanish learners. The stories are written in simple language and feature relatable characters and everyday situations, making them ideal for those who are just starting to learn the language.

Each story is followed by a series of a vocabulary list and exercises, enabling readers to check their understanding and expand their knowledge of Spanish vocabulary and grammar.

Whether you are learning Spanish for the first time or looking to improve your reading and listening comprehension skills, "Short Stories in Spanish for Beginners" is a valuable resource for anyone interested in learning the language in a fun and engaging way.

Capítulo 1: La llegada a la ciudad

Marta es una joven que acaba de llegar a la ciudad en un autobús desde su pueblo natal. Ella tiene veinticinco años y está emocionada de comenzar una nueva vida en la ciudad. Lleva una maleta pequeña y una bolsa de mano con ella mientras camina por las calles del centro de la ciudad. Se siente un poco perdida y no está segura de dónde ir para encontrar su nuevo casa. De repente, un hombre se le acerca y le sonríe.

– Hola, me llamo Juan. ¿Necesitas ayuda? – preguntó hombre con sonríe

– ¡Hola! Me llamo Marta. Acabo de llegar a la ciudad y no sé cómo encontrar mi nuevo casa. – respondió Marta sorprendida por la oferta de ayuda.

– No te preocupes. ¿Dónde vives? – preguntó Juan con amabilidad.

– Vivo en la calle Mariposa número 23.

– ¡Eso está cerca! Sólo tienes que seguir por esta calle y girar a la derecha en la calle Azul. La calle Mariposa está a dos cuadras más allá. – explicó Juan.

– ¡Muchas gracias! – agradeció Marta con una sonrisa aliviada.

– De nada. ¡Que tengas un buen día! – dijo Juan antes de despedirse.

Gracias a las indicaciones de Juan, Marta encontró el camino a casa sin ningún problema. Estaba emocionada de empezar su nueva vida en la ciudad y planeaba explorarla en los próximos días.

Vocabulario:

joven – young

llegar – to arrive

ciudad – city

pueblo – town/village

emocionada – excited

maleta – suitcase

bolsa de mano – handbag

mientras – while

preguntar – ask

calle – street

segura – sure

encontrar – to find

nuevo – new

casa – home

sonreír – to smile

ayuda – help

no te preocupes – don't worry

dónde – where

girar – to turn

derecha – right

de nada – you're welcome

llegar – arrive

despedirse – to say goodbye

empezar – begin

explorar – to explore

próximo – next

Capítulo 2: Tienda de comestibles

Marta decidió ir a la tienda de comestibles para abastecer su nevera en su nuevo apartamento. Cuando llegó notó que estaba limpia y ordenada. Marta se acercó a un trabajador que estaba poniendo productos en los estantes.

– Buenos días. – saludó Marta con una sonrisa. –¿Dónde puedo encontrar los vegetales?

– Buenos días. – respondió el empleado con amabilidad. – Los vegetales están en la sección de la izquierda, al final del pasillo

– Gracias. – agradeció Marta con una voz amable. –¿Tienen tomates y lechugas frescos?

– Sí, acabamos de recibir una nueva entrega esta mañana. Están en la sección de vegetales frescos justo al lado – explicó el empleado con entusiasmo.

Marta dijo gracias al empleado y fue a la sección de verduras. Vio que había muchos productos frescos y buenos. Tomó algunos tomates y lechugas frescas y decidió buscar frutas.

– También necesito algunas frutas. ¿Dónde puedo encontrarlas? – preguntó Marta con curiosidad.

– Las frutas están en la sección de la derecha, justo después de los productos enlatados.

– Perfecto, gracias.

Marta encontró una sección con frutas frescas y tomó algunas manzanas y plátanos para la semana. Finalmente, Marta llevó sus compras al mostrador de caja.

– Son 10 euros en total, por favor – dijo el empleado con voz clara.

– ¿Aceptan tarjeta de crédito? – preguntó Marta con interés.

– Sí, aceptamos tarjetas de crédito y débito. También puedes pagar en efectivo.

– De acuerdo, muchas gracias.

Marta pagó por sus compras con tarjeta de crédito y salió de la tienda, lista para preparar su primera cena en su nuevo casa.

Vocabulario:

tienda de comestibles – grocery store

frutas – fruits

limpia – clean

organizada – organized

empleado – employee

izquierda – left

amable – kind

también – also

tomate – tomato

lechuga – lettuce

fresco – fresh

encontró – she found

plátano – banana

manzana – apple

después – after

enlatado – canned

finalmente – finally

compras – purchases

pagar – to pay

tarjeta de crédito – credit card

efectivo – cash

preparar – to prepare

Capítulo 3: La reunión con los vecinos

Un día Marta recibió una invitación de los vecinos para asistir a una reunión en el edificio. Estaba emocionada de conocer a sus vecinos y aprender más sobre la comunidad. La reunión estaba programada para el sábado por la tarde en la sala comunitaria del edificio.

Marta llegó a la sala comunitaria y se sorprendió al ver a tanta gente allí. Ella se acercó a un grupo de personas que estaban hablando y se presentó.

– ¡Hola! Me llamo Pedro. ¿Eres la nueva inquilina? – preguntó uno de los vecinos.

– Sí, así es. Me llamo Marta y mudarme aquí hace unos días. – ella respondió.

– ¡Bienvenida a la comunidad! Me llamo Ana. ¿Te gusta aquí? – preguntó el otro vecino.

– Estoy emocionada de estar aquí. Me encanta el edificio y la ubicación es perfecta para mí.

– Me alegra escuchar eso. ¿Estás disfrutando de la ciudad hasta ahora? –preguntó el tercer vecino

– Sí, estoy explorando mucho.

La reunión comenzó con un discurso del presidente de la asociación. Habló de los próximos eventos. También se discutieron varias cosas relacionadas con la renovación del edificio.

Marta se sintió cómoda con sus vecinos y se emocionó al escuchar sobre las actividades y eventos planificados. Estaba contenta de haber asistido a la reunión y se sintió más conectada con la comunidad.

Vocabulario:

invitación – invitation

vecinos – neighbors

conocer – meet

reunión – meeting

sábado – Saturday

tarde – afternoon

sala comunitaria – community room

inquilina – tenant

mudarse – to move

ubicación – location

otro – other

alegra – glad

escuchar – hear

discurso – speech

presidente – president

aasociación – association

eventos – events

relacionadas – related

conectada – connected

Capítulo 4: El primer día de trabajo

Marta estaba emocionada por su primer día de trabajo en la nueva empresa. Llegó temprano a la oficina y se encontró con su jefe, David.

– ¡Hola, Marta! Me alegra que hayas llegado temprano. – dice David – ¿Estás lista para comenzar tu primer día de trabajo?

– Hola, David. Sí, estoy muy emocionada por empezar.

– Genial. Te mostraré nuestra oficina.

David llevó a Marta por la oficina y le mostró dónde se encontraban las diferentes áreas y departamentos. Luego llegaron a la estación de trabajo de Marta.

– Aquí es donde trabajarás – dijo David – Como puedes ver, tienes tu propia computadora y teléfono. Ahora, te presentaré al equipo.

David presentó a Marta a cada uno de sus nuevos compañeros de trabajo, incluyendo a su compañero de equipo, Sebastián.

– Marta, este es Sebastián, tu compañero de equipo. – dice David

– Hola, Marta – le dijo Sebastián con una sonrisa – Encantado de conocerte.

– Hola, Sebastián. Estoy emocionado de trabajar contigo. – respondió Marta

– ¡Genial! – dijo David – Ahora puedes empezar a trabajar.

Sebastián te ayudará con los documentos más importantes. ¡Bienvenida a nuestro equipo!

Después de reunirse con su equipo, Marta se sentó en su escritorio y comenzó a aprender sobre su trabajo. Sebastián amablemente le mostró los documentos más importantes. Marta estaba emocionada por las posibilidades que le esperaban en su nuevo trabajo. Sintió que había tomado la decisión correcta al comenzar a trabajar para esta empresa.

Vocabulario:

trabajo – job

jefe – boss

empresa – company

temprano – early

lista – ready

oficina – office

mostrar – show

aquí – here

computadora – computer

teléfono – phone

equipo – team

compañero de trabajo – coworker

contigo – with you

documento – document

bienvenida – welcome

reunirse – to meet up

escritorio – desk

aprender – to learn

amablemente – kindly

posibilidades – possibilities

Capítulo 5: Reunirse con amigos

Marta quedó con sus amigos para tomar un café en una cafetería en el centro de la ciudad. Estaba emocionada porque no había visto a sus amigos en mucho tiempo y quería compartir con ellos sus nuevas experiencias en el trabajo.

Después de saludarse y pedir café, Marta inició la conversación:

– ¿Cómo están? ¡Hace mucho tiempo que no nos vemos!

– Bien, bien. – su amigo Manuel respondió – Sí, es verdad, hace tiempo que no nos vemos.

– Sí, desde que empecé a trabajar en la nueva empresa, no he tenido mucho tiempo para salir.

– ¿Y cómo te va en el trabajo? ¿Te gusta tu nuevo trabajo? – preguntó otra amiga, Ángela

– Sí, me gusta mucho. Trabajo con gente muy agradable y estoy aprendiendo muchas cosas nuevas.

– ¿Y qué haces en tu tiempo libre? ¿Tienes algún nuevo interés? – dije Manuel

– Sí, hace poco empecé a aprender francés. Me gusta mucho y quiero viajar a París en el futuro.

Después de un rato de conversación, Marta se dio cuenta de que una de sus amigas parecía preocupada.

– ¿Qué pasa? – Marta le preguntó a Angéla – Pareces

preocupada.

– Sí, justo ahora estoy planeando unas vacaciones y no sé a dónde ir. No tengo ideas. – ella respondió con triste

– ¿Quieres ir conmigo a Francia?

– ¿De verdad? ¡Claro, estaría encantada! – gritó Ángela con una sonrisa

Después del café, Marta se sintió feliz y relajada. Estaba contenta de haber podido reunirse con sus amigos y compartir sus experiencias.

Vocabulario:

amigo – friend

tomar un café – to have coffee

centro de la ciudad – city center

compartir – to share

nueva experiencia – new experience

gente – people

agradable – pleasant

cosas – things

tiempo libre – free time

interés – interest

francés – French

viajar – to travel

futuro – future

vacaciones – vacation

preocupada – worried

ir conmigo – go with me

Capítulo 6: Una visita a la biblioteca

Marta decidió visitar la biblioteca para encontrar algunos libros para aprender más sobre su nuevo trabajo. Cuando llegó a la biblioteca, se dirigió a la sección de negocios y comenzó a buscar algunos libros.

De repente, el bibliotecaro se acercó a ella y le preguntó:

– Hola, mi nombre es Pablo, ¿necesitas ayuda para encontrar algún libro?

– Sí, estoy buscando libros sobre finanzas y negocios. – respondió Marta.

– Ah, puedo ayudarte con eso. ¿Has encontrado algún libro interesante?

– Sí, encontré algunos libros, pero no estoy segura de si son los adecuados. ¿Podrías echarles un vistazo?

– Por supuesto. Déjame ver. Ah, este es un buen libro sobre finanzas personales. Y este otro sobre negocios internacionales. Creo que serán útiles para ti.

– Muchas gracias. Eso es exactamente lo que estaba buscando.

Después de seleccionar los libros, Marta se sentó en una mesa y comenzó a leer uno de ellos. De repente, otro hombre se acercó a ella y le preguntó:

– Hola, ¿estás leyendo ese libro sobre finanzas personales? Es un gran libro, ¿no crees?

– Sí, lo es. Estoy aprendiendo mucho.

– Me llamo Gabriel, por cierto. Trabajo en una empresa de inversiones. Si alguna vez necesitas algún consejo financiero, no dudes en preguntarme.

– Gracias, Gabriel. Me encantaría escuchar tus consejos en el futuro.

Marta se sintió agradecida por la ayuda que había recibido de Pablo y Gabriel. Después de un rato, decidió que había leído suficiente por hoy y se despidió del bibliotecario y del hombre de negocios antes de salir de la biblioteca.

Vocabulario:

biblioteca – library

sección – section

negocios – business

libro – book

finanzas – finance

bibliotecario – librarian

nombre – name

vistazo – look

útiles – useful

seleccionar – to select

mesa – table

leer – to read

hombre – man

inversiones – investments

consejo – advice

financiero – financial

agradecida – grateful

Capítulo 7: Un día en la playa

Marta se despertó temprano para disfrutar de un día en la playa. Era un día soleado y perfecto para tomar el sol y nadar en el mar. Se puso su traje de baño, tomó una toalla y salió de su casa rumbo a la playa. Sin embargo, al llegar allí se dio cuenta de que había olvidado sus gafas de sol en casa.

– ¡Vaya! ¡He olvidado mis gafas de sol en casa! – se lamentó Marta.

En ese momento, un chico se acercó a ella y le ofreció un par de gafas de sol.

– Hola, ¿necesitas ayuda? Me llamo Miguel. – dijo el chico.

– ¡Hola! Me llamo Marta. Acabo de llegar a la playa y me he dado cuenta de que he olvidado mis gafas de sol en casa. – respondió Marta sorprendida por la oferta de ayuda.

– No te preocupes, yo tengo un par de gafas de sol que puedes usar mientras estés aquí. – dijo Miguel con una sonrisa.

– ¡Muchas gracias! – agradeció Marta con una sonrisa aliviada.

– De nada, espero que las disfrutes. – dijo Miguel antes de despedirse.

Marta pasó el día en la playa tomando el sol, leyendo un libro y nadando en el mar. Cuando el sol comenzó a ponerse, decidió que era hora de volver a casa.

– ¡Qué día tan maravilloso! – se dijo a sí misma mientras

caminaba de regreso a casa.

Después de pasar el día en la playa, Martina se sintió completamente relajada y rejuvenecida. También estaba agradecida por la amabilidad de Miguel, quien le había ofrecido sus gafas de sol y había hecho su día mucho más cómodo.

Vocabulario:

playa – beach

disfrutar – enjoy

día soleado – sunny day

sol – sun

tomar el sol – sunbathe

nadar – swim

traje de baño – swimsuit

toalla – towel

momento – moment

olvidado – forgotten

gafas de sol – sunglasses

aliviada – relieved

pasar el día – to spend the day

caminar – walk

maravilloso – wonderful

alguien – someone

22

Capítulo 8: El picnic de Marta y su familia

Marta y su familia decidieron hacer un picnic en el parque. La mamá de Marta preparó unos sándwiches de jamón y queso, y su papá trajo unas manzanas y botellas de agua.

Marta estaba emocionada porque le encantaba pasar tiempo al aire libre. Se sentaron en una manta y comenzaron a comer.

– ¡Esto está muy rico! – dijo Marta mientras masticaba un sándwich.

– Me alegra que te guste, Marta – respondió su mamá con una sonrisa.

Mientras comían, Marta vio a un niño jugando con su perro.

– ¡Qué lindo perro! – exclamó Marta.

– Sí, es muy juguetón – dijo su papá.

Después de comer, Marta decidió que quería jugar con el perro.

– ¿Crees que podría jugar con él, papá? – preguntó Marta.

– Tienes que preguntarle al chico. – respondió papá.

Marta se acercó al dueño del perro y le preguntó si podía jugar con él. El dueño asintió y Marta comenzó a jugar con el perro.

– ¡Este perro es muy divertido! – dijo Marta mientras el perro saltaba y movía la cola.

Después de jugar un rato, Marta y su familia guardaron sus cosas y se dirigieron de vuelta a casa, llevando consigo los recuerdos especiales de un día divertido con risas, comida deliciosa y momentos compartidos en el parque.

Vocabulario:

picnic – picnic

parque – park

sándwiches – sandwiches

jamón – ham

queso – cheese

agua – water

aire libre – outdoors

sentarse – sit down

manta – blanket

rico – delicious

niño – boy

perro – dog

dueño – owner

jugar – to play

cola – tail

guardar – pack

recuerdos – memories

especial – special

risa – laughter

Capítulo 9: Celebrando el Cumpleaños

Marta estaba muy emocionada porque hoy era su cumpleaños y su mejor amiga, Ana, le había preparado una sorpresa especial. Ana le había dicho que se encontraran en un parque cercano para celebrar juntas.

Cuando Marta llegó al parque, vio que Ana había preparado una pequeña fiesta sorpresa con globos y una deliciosa torta de chocolate.

– ¡Feliz cumpleaños, Marta! – dijo Ana emocionada mientras le entregaba un regalo.

– ¡Muchas gracias, Ana! No puedo creer que hayas hecho todo esto por mí.

Después de comer un trozo de torta y abrir su regalo, Marta decidió que quería jugar en el parque.

– ¿Quieres jugar a la pelota, Ana? – preguntó Marta.

– ¡Claro! Vamos a jugar.

Marta y Ana comenzaron a jugar a la pelota mientras se reían y disfrutaban del hermoso día.

– ¡Ay, Ana, casi me das con la pelota! – exclamó Marta sorprendida

– Jajaja, lo siento, Marta. – respondió Ana con una risa – ¡Intentaré tener mejor puntería!

Después de jugar, Marta y Ana se sentaron en el césped para descansar y hablar sobre lo bonito que había sido el día. Se dieron cuenta de lo afortunadas que eran por ser amigas especiales y poder celebrar juntas. Marta sopló las velas de su pastel una vez más, deseando que su amistad con Ana siempre fuera fuerte y llena de felicidad en el futuro.

Vocabulario:

cumpleaños – birthday

mejor – best, better

sorpresa – surprise

celebrar – celebrate

torta – cake

chocolate – chocolate

regalo – gift

pelota – ball

casi – almost

me das – hit me

jajaja – hahaha

lo siento – sorry

intentaré – I will try

puntería – aim

descansar – rest

hablar – talk

juntas – together

pastel – cake

una vez más – one more time

siempre – always

fuerte – strong

Capítulo 10: La visita al zoológico

Marta y su familia decidieron ir de excursión al zoológico. Marta estaba emocionada porque nunca había ido antes y le encantaban los animales.

Cuando llegaron, compraron las entradas y comenzaron a explorar el zoológico. Vieron leones, jirafas, monos y muchos otros animales interesantes.

Marta estaba especialmente emocionada de ver a los pingüinos. Les encantaba verlos deslizarse por el agua y caminar torpemente sobre el hielo.

Mientras estaban viendo a los pingüinos, Marta notó que uno de ellos parecía triste.

– Papá, ¿por qué ese pingüino está solo? – preguntó Marta señalando al pingüino solitario.

– A veces los pingüinos se separan del grupo por diferentes razones, pero no te preocupes, es normal – respondió su papá.

Marta decidió que quería hacer algo para animar al pingüino solitario. Recordó que había traído una barra de chocolate en su bolsa y pensó que podría dársela al pingüino.

– Papá, ¿crees que el pingüino querrá esto? – preguntó Marta sacando la barra de chocolate de su bolsa.

– No estoy seguro, pero puedes intentarlo – respondió su papá.

Marta se acercó al pingüino y le ofreció la barra de chocolate. El pingüino pareció curioso y se acercó para olfatearla. Después de unos momentos, el pingüino tomó la barra de chocolate con su pico y comenzó a comérsela.

– ¡Mira, papá, le gusta! – exclamó Marta emocionada.

Después de pasar todo el día en el zoológico, Marta y su familia regresaron a casa cansados pero felices. Habían pasado un día maravilloso viendo animales increíbles y creando recuerdos juntos.

Vocabulario:

zoológico – zoo

excursión – excursion

nunca – never

animales – animals

entrada – ticket

leon – lion

jirafa – giraffe

mono – monkey

pingüino – penguin

hielo – ice

triste – sad

solo – alone

separan – separate

barra de chocolate – chocolate bar

curioso – curious

olfatear – to sniff

pico – beak

comer – to eat

cansado – tired

felice – happy

regresar – return

Capítulo 11: La clase de yoga

Marta quería encontrar una forma de relajarse después de un día de trabajo estresante, por lo que decidió tomar una clase de yoga en su gimnasio local. Cuando llegó, se unió a un grupo de personas que ya estaban haciendo estiramientos y meditando.

Marta encontró la clase de yoga muy relajante y comenzó a disfrutarla. Pero cuando el instructor le pidió que hiciera una postura complicada, se sintió un poco insegura.

– No estoy segura de que pueda hacer eso. – dijo Marta.

– No te preocupes, Marta. Puedes intentarlo. Si no lo consigues, simplemente haz lo que puedas. – respondió el instructor con una sonrisa.

Marta se esforzó y finalmente logró hacer la postura. Se sintió muy orgullosa de sí misma y agradecida por la paciencia del instructor.

Después de la clase, Marta se acercó al instructor y le preguntó si había alguna forma de practicar yoga en casa.

– Sí, hay muchos videos de yoga en línea que puedes seguir en casa. También puedes comprar un tapete de yoga y practicar en tu sala de estar.

– Gracias por el consejo. Definitivamente lo intentaré. – dijo Marta mientras se despedía del instructor.

Cuando llegó a casa, Marta buscó videos de yoga en línea y

comenzó a seguirlos. Descubrió que practicar yoga en casa era muy conveniente y relajante.

Vocabulario:

clase – class

yoga – yoga

gimnasio – gym

estiramientos – stretches

meditando – meditating

insegura – insecure

postura – posture

complicada – complicated

intentarlo – to try it

consigues – you manage

orgullosa – proud

paciente – patient

acercó – approached

forma – way

practicar – to practice

videos – videos

línea – online

tapete – mat

sala de estar – living room

conveniente – convenient

relajante – relaxing

Capítulo 12: La aventura en el museo

Un día, Marta decidió visitar el museo de su ciudad para descubrir cosas interesantes. Se puso su ropa cómoda, tomó su mochila y se dirigió al museo con emoción.

Al llegar al museo, Marta se maravilló con la gran entrada y las hermosas esculturas que adornaban el lugar. Entró al museo y se acercó al mostrador de información.

– ¡Hola! ¿Puedes darme información sobre las exposiciones? – preguntó Marta con entusiasmo.

– ¡Hola! Claro, tenemos diferentes salas con exposiciones de arte, historia y ciencia. ¿Qué te gustaría explorar primero? – respondió el empleado amablemente.

– Me gustaría comenzar con la sala de arte. ¿Dónde puedo encontrarla? – preguntó Marta con curiosidad.

– La sala de arte está en el segundo piso. Solo debes subir las escaleras y girar a la izquierda. – explicó el empleado.

– ¡Gracias por la información! – agradeció Marta con una sonrisa.

Marta subió las escaleras y se adentró en la sala de arte. Se detuvo frente a un cuadro y comenzó a admirarlo. En ese momento, un niño llamado Nicolás se acercó a ella.

– Hola, ¿te gusta esta pintura? – preguntó Nicolás con curiosidad.

– ¡Hola! Sí, me encanta. Los colores son muy bonitos – respondió Marta emocionada.

– ¿Sabes qué? Mi mamá es artista y ella me ha enseñado mucho sobre pintura. Puedo contarte más sobre esta obra si quieres – ofreció Nicolás con amabilidad.

– ¡Claro! Me encantaría escuchar más sobre ella – dijo Marta con entusiasmo.

Nicolás comenzó a explicarle los detalles de la pintura y compartió algunos datos interesantes sobre el artista. Marta estaba encantada de aprender cosas nuevas. Finalmente agradeció a Nicolás por su ayuda y continuó su aventura en el museo.

Vocabulario:

aventura – adventure

museo – museum

emoción – emotion

ropa cómoda – comfortable clothes

mochila – backpack

lugar – place

mostrador de información – information desk

sala de arte – art room

escaleras – stairs

pinturas – paintings

esculturas – sculptures

cuadro – painting

colores – colors

admirar – admire

detalles – details

obra – artwork

datos interesantes – interesting facts

artista – artist

historia – history

ciencia – science

maravillosa – wonderful

Capítulo 13: Cuidando a la mascota de un amigo

Marta era una niña responsable y amante de los animales. Un día, su amigo Daniel le pidió un favor muy importante.

– ¡Hola, Marta! Tengo que salir de la ciudad y necesito que cuides a mi gato, Tomás. ¿Podrías hacerlo? – preguntó Daniel.

– ¡Hola, Daniel! Claro que sí, me encantaría cuidar a Tomás. Sé lo importante que es para ti – respondió Marta.

Marta llegó a la casa de Daniel y encontró a Tomás esperándola en la sala. Después de asegurarse de que tuviera comida, agua y juguetes, Marta se ocupó de cuidarlo durante varios días. También lo llevó al parque, donde Tomás pudo jugar con otros gatos y disfrutar del aire libre. Marta y Tomás se hicieron amigos y se divirtieron juntos.

Al final de la semana, Daniel regresó y Marta le contó todas las aventuras que había tenido con Tomás.

– ¡Gracias, Marta! Me alegra saber que Tomás estuvo en buenas manos. Eres una gran amiga – dijo Daniel agradecido.

– De nada, Daniel. Cuidar de Tomás fue un verdadero placer. Siempre estaré aquí para ayudarte cuando lo necesites.

Marta se despidió de Tomás con cariño, sabiendo que había formado un lazo especial con él durante su tiempo juntos. Estaba feliz de haber podido ayudar a su amigo y cuidar de su querida mascota.

Vocabulario:

mascota – pet

niña – girl

amante – lover

salir – to leave

cuidar – to take care of

semana – week

fin de semana – weekend

comida – food

juguetes – toys

asegurarse – to ensure

varios días – several days

cariño – love

lazo – bond

querida – beloved

Capítulo 14: El primer vuelo

Marta estaba emocionada porque iba a hacer su primer viaje en avión. Había ahorrado dinero durante mucho tiempo y finalmente llegó el día en que iba a volar a un país extranjero. Se encontraba en el aeropuerto, con su maleta y su pasaporte en la mano.

– Buenos días, ¿cómo puedo ayudarte? – preguntó la azafata

– Hola, tengo un vuelo a Londres. ¿En qué puerta de embarque debo estar?

La azafata le dio la información sobre la puerta de embarque y Marta se dirigió allí. Una vez a bordo del avión, buscó su asiento y se sentó junto a una mujer amigable.

– Hola, ¿es este el asiento 15B? – preguntó Marta emocionada.

– Sí, así es. ¿Es tu primer vuelo? – respondió la mujer con una sonrisa.

– ¡Sí, es mi primer vuelo! – respondió Marta emocionada – Estoy tan emocionada pero también un poco nerviosa.

– No te preocupes, los vuelos son muy seguros. Te acostumbrarás pronto. – dijo la mujer tranquilizándola.

El avión despegó y Marta observaba por la ventana mientras el paisaje se volvía más pequeño a medida que ganaban altura.

– ¡Mira, estamos volando por encima de las nubes! – exclamó Marta emocionada.

– Sí, es hermoso, ¿verdad? Disfruta del viaje. – respondió la mujer sonriendo.

Durante el vuelo, Marta escuchaba atentamente las instrucciones del personal de cabina y seguía las indicaciones de abrocharse el cinturón de seguridad y apagar los dispositivos electrónicos.

Finalmente, el avión aterrizó en el aeropuerto de Londres y Marta se despidió de la mujer con quien había compartido el vuelo.

Vocabulario:

primer vuelo – first flight

viaje – journey

avión – airplane

volar – to fly

extranjero – foreign country

aeropuerto – airport

pasaporte – passport

azafata – flight attendant

Londres – London

puerta de embarque – boarding gate

asiento – seat

nerviosa – nervous

seguro – safe

te acostumbrarás – you'll get used to it

despegar – to take off

ventana – window

paisaje – landscape

nubes – clouds

Capítulo 15: El festival de música

Marta estaba emocionada porque ese fin de semana se celebraba el festival de música en su ciudad. Había oído hablar de este evento durante meses y no podía esperar. Se fue con amigo Manuel al centro de la ciudad, donde se llevaba a cabo el festival.

Cuando llegaron al lugar del festival, quedaron maravillados por el ambiente festivo que reinaba en el lugar. La música resonaba en cada rincón y la energía era contagiosa.

– ¡Mira, hay un escenario principal! Vamos allí primero – señaló Marta.

– ¡Sí, definitivamente! Quiero ver a esa banda de rock que tanto me gusta – dijo Manuel sonriendo.

Una vez frente al escenario, la música comenzó a sonar y el escenario se iluminó con luces brillantes. Marta y Manuel saltaban, cantaban y se dejaban llevar por la energía de la banda.

– ¡Esta canción es mi favorita! ¡Vamos a disfrutar al máximo! – gritó Marta.

Después de un concierto emocionante, descubrieron el escenario de música latina, donde una banda de salsa estaba tocando.

– ¡Me gusta mucho la música latina! ¿Quieres bailar conmigo? – preguntó Marta..

– ¡Claro, vamos a disfrutar de la música latina juntos! – respondió Manuel.

Bailaron al ritmo de la salsa y se divirtieron con otros asistentes que también estaban disfrutando del espectáculo.

– ¡Qué día tan increíble! Estoy muy contenta de haber venido al festival. – Marta comentó con alegría.

Al final del festival, Martina se sintió muy feliz y comentó que fue un día fantástico. Ella no podía esperar con ansias volver al festival el próximo año.

Vocabulario:

música – music

energía – energy

banda – band

luces – lights

saltar – jump

cantar – sing

concierto – concert

escenario – stage

música latina – latin music

bailar – dance

ritmo – rhythm

asistentes – attendees

rostro – face

corazón – heart

alegría – joy

el próximo año – next year

Capítulo 16: El paseo en bicicleta

Marta estaba emocionada porque era un hermoso día soleado y decidió salir a dar un paseo en bicicleta. Se puso su casco y agarró su bicicleta del garaje.

Mientras pedaleaba por las calles de su ciudad, vio cabalgando a su amiga Sofía.

– ¡Hola Sofía! ¿Qué haces por aquí? – exclamó Marta emocionada.

– ¡Hola Marta! – respondió sorprendida – Estaba conduciendo hacia el parque ¿Te gustaría unirte?

– ¡Claro! Sería genial.

Marta y Sofía montaron en sus bicicletas y comenzaron a pedalear juntas por el carril para bicicletas. Disfrutaban de la brisa en sus caras mientras conversaban.

Llegaron al parque y vieron un lago con patos nadando. Decidieron detenerse y observarlos por un momento.

– Mira, Marta, los patitos son tan lindos. – señaló el lago – Me encanta la naturaleza que encontramos aquí.

– Sí, es maravilloso. – respondió emocionada – Me siento tan en paz estando rodeada de tanta belleza.

Finalmente, Marta y Sofía regresaron al punto de partida donde habían dejado sus bicicletas. Se bajaron y se sentaron en un banco para descansar.

– Gracias por invitarme a este paseo en bicicleta, Sofía. – dijo Martha feliz – Ha sido maravilloso.

– De nada, Marta. – respondió Sofía sonriendo – Me alegra que hayas disfrutado. Definitivamente deberíamos hacerlo más seguido.

Con una sonrisa en sus rostros y el corazón lleno de alegría, Marta y Sofía se despidieron y acordaron planear más aventuras en bicicleta juntas.

Vocabulario:

paseo en bicicleta – bike ride

casco – helmet

garaje – garage

pedalear – pedal

carril para bicicletas – bike lane

brisa – breeze

rodeada – surrounded

naturaleza – nature

paz – peace

belleza – beauty

observar – observe

patitos – ducklings

lago – lake

invitarme – invite me

deberíamos – we should

disfrutado – enjoyed

planear – plan

Capítulo 17: Preparando una comida especial

Había llegado el día en que Marta quería sorprender a su familia con una comida especial. Estaba emocionada y decidida a preparar algo delicioso. Se puso el delantal y se dirigió a la cocina.

– ¡Hola mamá, hola papá! – exclamó Marta al entrar a la casa – Hoy quiero preparar una comida especial para todos. ¿Les gustaría probar algo diferente?

– ¡Claro, hija! – respondió el papá – ¿Qué tienes en mente?

– Quiero hacer pasta con salsa de tomate casera y albóndigas. ¿Les parece bien? – preguntó Marta

– ¡Suena delicioso! – dijo la mamá con entusiasmo – ¿Necesitas ayuda?

– Sería genial si me ayudas con la salsa de tomate mientras yo hago las albóndigas.

Marta y su madre fueron a la cocina. Marta pelaba los tomates mientras su madre calentaba una sartén con aceite de oliva. Después de mezclar los ingredientes de la receta, formó bolitas y las colocó en una bandeja para hornear. Después de un tiempo, la salsa de tomate estaba lista y las albóndigas se doraban en el horno.

– ¡La comida está lista! – exclamó Marta – Vengan a la mesa.

La familia disfrutó de la deliciosa comida que Marta había

preparado con cariño.

– Marta, esta comida está increíble. – dijo el papá con una sonrisa – ¡Eres toda una chef!

– Estoy muy orgullosa de ti, hija – agregó la mamá con satisfacción.

– Gracias, mamá, papá. – respondió Marta con alegría – Me alegra que les haya gustado.

Con una sonrisa en sus rostros, la familia disfrutó de un momento especial compartiendo una comida deliciosa y el amor que habían puesto al prepararla.

Vocabulario:

sorprender – to surprise

delicioso – delicious

casera – homemade

mente – mind

pelaba – peeled

calentaba – warmed up

sartén – pan

aceite de oliva – olive oil

mezclar – to mix

receta – recipe

bolitas – little balls

hornear – to bake

salsa – sauce

albóndigas – meatballs

doraban – they were browning

increíble – incredible

chef – chef

gustado – liked

amor – love

Capítulo 18: Una excursión a la montaña

Marta y sus amigos Pedro y Laura decidieron aventurarse en una emocionante excursión a la montaña. Se encontraron temprano en el punto de encuentro acordado, llevando mochilas con agua y bocadillos. Comenzaron a caminar por el sendero, siguiendo las señales.

– Wow, las vistas son impresionantes aquí arriba. – exclamó Marta emocionada

– Sí, vale la pena cada paso que damos. – respondió Pedro

Continuaron ascendiendo, disfrutaron del hermoso paisaje y descansaron junto a un arroyo. Mientras descendían por el sendero, Pedro señaló un árbol peculiar y exclamó:

– ¡Miren ese árbol gigante! Parece sacado de un cuento.

Marta y Laura se detuvieron para admirar el majestuoso árbol y mostraron su emoción con una sonrisa en sus rostros. Después, continuaron subiendo, enfrentando terrenos difíciles. A medida que subían, el terreno se volvía más empinado y desafiante.

– ¡No nos rindamos! Estamos casi allí. – animó Marta al grupo.

Finalmente, llegaron a la cima y quedaron impresionados por la vista panorámica.

– ¡Qué lugar increíble! – dijo Laura admirada.

– ¡Vale la pena todo el esfuerzo! – expresó Pedro emocionado.

Pasaron un tiempo disfrutando del momento, absorbiendo la serenidad y la grandeza de la naturaleza que los rodeaba.

Descansaron un poco y luego comenzaron a bajar, llevando consigo recuerdos especiales.

– Ha sido una experiencia increíble. – agradeció Marta – Gracias por este día.

– La naturaleza nos da energía. – respondió Pedro agradecido – Fue genial compartir esto contigo.

Con una sensación de satisfacción y alegría, regresaron a casa, sabiendo que habían vivido una aventura única y ansiosos por futuras exploraciones juntos.

Vocabulario:

montaña – mountain

bocadillos – snacks

sendero – trail

vista – view

impresionante – impressive

aquí arriba – up here

vale la pena – it's worth it

paso – step

subir – to climb

cima – summit

a medida que – while

árbol – tree

gigante – giant

cuento – tale

terreno – terrain

difícil – difficult

serenidad – serenity

rodeaba – surrounded

bajar – to go down

ansioso – eager

Capítulo 19: Aprendiendo a bailar salsa

Marta había decidido aprender a bailar salsa, y hoy sería su primera clase. Llegó al estudio de baile temprano y se encontró con su amiga Laura.

– ¡Hola Laura! – exclamó Marta emocionada – ¿Estás lista para aprender a bailar salsa?

– ¡Hola Marta! – respondió Laura – Sí, estoy emocionada pero también un poco nerviosa. Nunca he bailado salsa antes.

– No te preocupes, ¡estoy segura de que lo haremos genial!

Después de un rato, el profesor de salsa, Carlos, entró en la habitación.

– ¡Hola chicas! – dijo Carlon con entusiasmo – Bienvenidas a la clase de salsa.

La clase comenzó con un calentamiento para preparar los músculos. Luego, Pedro les enseñó los pasos básicos de la salsa.

– Comienza con el pie derecho, dando un paso hacia el costado. – explicó Carlos – Luego, lleva el pie izquierdo hacia el derecho y vuelve a poner el pie derecho en su lugar. Repite del otro lado.

Después de practicar el paso básico, Carlos les mostró movimientos más difíciles.

– Ahora vamos a hacer giros y vueltas. – dijo Carlos –Escuchen mis instrucciones y sigan el ritmo de la música.

Marta y Laura se esforzaron por seguir las instrucciones de Carlos. A medida que practicaban, se sentían más seguras y empezaban a entender el ritmo de la salsa.

Al final de la clase, Carlos felicitó a Marta y Laura por su progreso.

– ¡Lo hicieron muy bien chicas! Sigan practicando y pronto serán unas excelentes bailarinas de salsa.

– ¡Gracias, Carlos! – agradeció Marta – Nos vemos en la próxima clase.

Con la música de salsa resonando en el estudio, Marta y Laura salieron con energía y alegría, listas para seguir su aventura en el mundo del baile.

Vocabulario:

antes – before

habitación – room

calentamiento – warm–up

músculo – muscle

enseñó - he taught

básico – basic

derecho - right

costado – side

repite – repeat

giro – turn

vuelta – spin

sigan – follow

esforzar – strive

entender – understand

progreso – progress

resonar – resound

mundo – world

Capítulo 20: Un día de lluvia en casa

Era un día lluvioso y Marta estaba en casa sin nada que hacer. Estaba aburrida y deseaba que el sol brillara para poder salir a jugar afuera. De repente, sonó el teléfono.

– ¡Hola! – dijo Marta emocionada al contestar la llamada.

– ¡Hola Marta! – respondió su amiga Angéla – ¿Qué estás haciendo en este día lluvioso?

– No mucho, estoy aburrida en casa. – dijo Marta con decepción.

– ¡No te preocupes! Tengo una idea. ¿Por qué no hacemos una tarde de juegos en mi casa? – sugirió Angéla entusiasmada.

– ¡Eso suena genial! Me encantaría. – exclamó Marta emocionada por la idea de divertirse con su amiga.

Marta se preparó rápidamente y se dirigió a casa de Angéla. Al llegar, ambas amigas se sentaron en la sala y comenzaron a jugar a su juego de mesa favorito.

– ¡Mira, Marta! ¡Soy la ganadora! – exclamó Laura emocionada al ganar una ronda.

– ¡Felicitaciones, Angéla! Eres la mejor en este juego. – dijo Marta riendo.

Después de varias rondas de juegos, las chicas decidieron hacer una pausa y tomar algo de merienda.

– Tengo galletas y jugo. ¿Quieres algo, Marta? – preguntó

Angéla amablemente.

–¡Sí, por favor! Me encantan las galletas. – respondió Marta con entusiasmo.

Mientras disfrutaban de su merienda, escucharon el sonido de la lluvia golpeando las ventanas.

– Aunque estemos en casa, ¡nos divertimos mucho! – dijo Marta sonriendo.

– ¡Así es! A veces, los días lluviosos pueden ser divertidos si los pasamos juntas. – dijo Angéla felizmente.

Pasaron el resto de la tarde riendo, jugando y disfrutando de su compañía. Aunque el sol no había salido, Marta y Angéla habían convertido un día lluvioso en un día lleno de diversión y risas en casa.

Vocabulario:

lluvia – rain

nada – nothing

aburrida – bored

brillar – shine

afuera – outside

decepción – disappointment

sugerir – suggest

juegos – games

ambas – both

ganadora – winner

ronda – round

felicitaciones – congratulations

pausa – break

galleta – cookie

jugo – juice

merienda – snack

golpeando – hitting

compañía – company

aunque – although

Ejercicios de los capítulos

Capítulo 1: La llegada a la ciudad

Responde a las preguntas:

1. ¿Cómo se llama la protagonista del Capítulo 1?

2. ¿Cuántos años tiene Marta?

3. ¿Cómo se siente Marta al llegar a la ciudad?

4. ¿Qué lleva Marta consigo mientras camina por las calles de la ciudad?

5. ¿Quién es Juan y cómo ayuda a Marta?

6. ¿En qué calle vive Marta?

Capítulo 2: Tienda de comestibles

Completa las siguientes frases con la palabra correcta:

1. Marta decidió ir a la ____________ de comestibles más cercana.

2. La tienda estaba bien ____________ y organizada

3. Marta compró ____________ y lechugas frescas en la sección de vegetales.

4. Las ____________ estaban a la derecha de los productos enlatados.

5. Marta compró manzanas y ____________ en la sección de

frutas.

6. Marta pagó por sus compras con su ____________ de crédito.

Capítulo 3: La reunión con los vecinos

Indique cual oración es verdadera o falsa:

1. Marta recibió una invitación para asistir a una reunión de vecinos en su nuevo edificio.

2. La reunión de vecinos se llevó a cabo en el parque.

3. La reunión fue programada para un domingo por la mañana.

4. El presidente de la asociación habló sobre los próximos eventos.

5. Marta no se sintió cómoda con sus vecinos durante la reunión.

6. Marta no está satisfecha con la ubicación del edificio.

Capítulo 4: El primer día de trabajo

Responde a las siguientes preguntas:

1. ¿Por qué Marta estaba emocionada?

a) Porque iba a empezar un nuevo trabajo.

b) Porque iba a terminar su trabajo anterior.

c) Porque iba a irse de vacaciones.

2. ¿Quién recibió a Marta en la oficina?

a) Su amigo.

b) Su compañero de equipo.

c) Su jefe.

3. ¿Qué le mostró David a Marta en la oficina?

a) Los diferentes departamentos y áreas.

b) Los documentos importantes.

c) Los descansos de café.

4. ¿Quién era el compañero de equipo de Marta?

a) David.

b) Sebastián.

c) Un cliente.

5. ¿Qué tarea le asignó David a Marta al final?

a) Que se presentara al equipo.

b) Que empezara a trabajar.

c) Que mostrara los documentos importantes.

6. ¿Qué hizo Marta al final del primer día de trabajo?

a) Se reunió con su jefe para discutir su desempeño.

b) Hizo nuevos amigos en la oficina.

c) Regresó a casa para descansar.

Capítulo 5: Reunirse con amigos

Indique cual oración es verdadera o falsa:

1. Marta había visto a sus amigos recientemente.

2. Marta está aprendiendo alemán.

3. Marta no tiene tiempo para salir debido a su trabajo.

4. Manuel está interesado en aprender francés.

5. Ángela estaba preocupada por la falta de ideas para unas vacaciones.

6. Marta invitó a Ángela a viajar juntas a Francia.

Capítulo 6: Una visita a la biblioteca

Responde a las siguientes preguntas:

1. ¿Por qué Marta decidió visitar la biblioteca?

a) Para encontrar algunos libros sobre finanzas y negocios.

b) Para conocer a Pablo y Gabriel.

c) Para pasar el tiempo.

2. ¿Quién ayudó a Marta a encontrar los libros adecuados?

a) Gabriel.

b) El bibliotecario Pablo.

c) Marta se encontró los libros sola.

3. ¿Qué libro recomendó Pablo a Marta?

a) Un libro sobre ciencias sociales.

b) Un libro sobre finanzas personales.

c) Un libro sobre arte.

4. ¿De qué trabaja Gabriel?

a) De bibliotecario.

b) De agente de bienes raíces.

c) De una empresa de inversiones.

5. ¿Qué ofreció Gabriel a Marta?

a) Consejos financieros.

b) Una cena gratis.

c) Un boleto de avión.

6. ¿Qué hizo Marta después de visitar la biblioteca?

a) Se fue a tomar un café.

b) Regresó a casa para leer los libros.

c) Se encontró con sus amigos en el parque.

Capítulo 7: Un día en la playa

Responde a las preguntas:

1. ¿Qué cosa olvidó Marta en casa?

2. ¿Qué le ofreció Miguel a Marta?

3. ¿Cómo respondió Marta a la oferta de ayuda?

4. ¿Qué respondió Miguel cuando Marta le agradeció?

5. ¿Qué hizo Marta durante su día en la playa?

6. ¿Cómo se sintió Marta después de pasar el día en la playa?

Capítulo 8: El picnic de Marta y su familia

Completa las siguientes frases con las palabras adecuadas del vocabulario:

1. Marta y su familia decidieron hacer un ___________ en el parque.

2. La mamá de Marta preparó unos ___________ de jamón y queso.

3. El papá de Marta trajo unas ___________ y botellas de agua.

4. Marta estaba emocionada porque le encantaba pasar tiempo al aire libre. Se sentaron en una ___________ y comenzaron a comer.

5. Marta vio a un niño jugando con su ___________.

6. Después de jugar un rato, Marta y su familia decidieron recoger todo y regresar a ___________.

Capítulo 9: Celebrando el Cumpleaños

Responde a las preguntas:

1. ¿Por qué Marta estaba emocionada al principio del cuento?

2. ¿Qué sorpresa especial le había preparado Ana a Marta?

3. ¿Dónde se encontraron Marta y Ana para celebrar juntas?

4. ¿Qué hicieron Marta y Ana después de comer pastel y abrir regalos?

5. ¿Qué pasó durante el juego de pelota?

6. ¿Cómo se sintieron Marta y Ana al final del día de cumpleaños?

Capítulo 10: La visita al zoológico

Indique cual oración es verdadera o falsa:

1. Marta y su familia decidieron ir al zoológico.

2. Marta estaba emocionada por visitar el acuario en el zoológico.

3. Marta vio muchos animales diferentes en el zoológico.

4. Marta decidió regalarle al pingüino una barra de chocolate.

5. El pingüino rechazó la barra de chocolate que Marta le ofreció.

6. Marta y su familia regresaron a casa cansados pero felices al final del día.

Capítulo 11: La clase de yoga

Responde a las preguntas:

1. ¿Qué quería Marta después de un día de trabajo estresante?

2. ¿Dónde decidió Marta tomar una clase de yoga?

3. ¿Cómo se sintió Marta cuando el instructor le pidió que hiciera una postura complicada?

4. ¿Qué le sugirió el instructor a Marta para practicar yoga en casa?

5. ¿Qué hizo Marta cuando llegó a casa?

6. ¿Qué descubrió Marta al practicar yoga en casa?

Capítulo 12: La aventura en el museo

Indique cual oración es verdadera o falsa:

1. Marta decidió visitar el zoológico.

2. Marta llevaba una mochila.

3. El empleado del museo le dio información sobre las exposiciones.

4. Marta quería comenzar explorando la sala de ciencias.

5. La sala de arte está en el primer piso.

6. Nicolás es hijo de un artista.

Capítulo 13: Cuidando a la mascota

Lee el siguiente fragmento del texto y completa las oraciones con la forma correcta de los verbos entre paréntesis en pretérito perfecto simple (pretérito indefinido):

Marta _______________ (llegar) a la casa de Daniel y _______________ (encontrar) a Tomás esperándola en la sala. Después de asegurarse de que _______________ (tener) comida, agua y juguetes, Marta _______________ (ocuparse) de cuidarlo durante varios días. También _______________ (llevar) a Tomás al parque, donde Tomás _______________ (jugar) con otros gatos y _______________ (disfrutar) del aire libre.

Capítulo 14: El primer vuelo

Lee cada pregunta y elige la opción correcta (A, B o C) que complete mejor la frase:

1. Marta _______ su primer vuelo en avión.

a) está

b) estaba

c) estuvo

2. La azafata _______ información sobre la puerta de embarque.

a) da

d) dio

c) daaba

3. Marta _________ junto a una mujer amigable en el avión.

a) se sienta

b) se sentó

c) se sientó

4. El avión _________ y el paisaje _________ más pequeño.

a) despegó / se hizo

b) despegó / se hacía

c) despega / se hizo

5. Durante el vuelo, Marta _________ atentamente las instrucciones.

a) escucha

b) escuchó

c) escuchaba

6. Finalmente, el avión _________ en el aeropuerto de Londres.

a) aterrizó

b) aterriza

c) aterrizará

Capítulo 15: El festival de música

Responde a las preguntas:

1. ¿Por qué estaba emocionada Marta?

2. ¿Con quién fue Marta al festival?

3. ¿Qué descubrieron al llegar al sitio del festival?

4. ¿Qué grupo de música quería ver Manuel?

5. ¿Qué otro escenario musical descubrieron?

6. ¿Cómo se sintió Marta al final del festival?

Capítulo 16: El paseo en bicicleta

Completa las siguientes frases con las palabras correctas:

1. Marta estaba emocionada porque era un día __________.

2. Marta se puso su __________ y agarró su bicicleta del __________.

3. Marta le gritó a Sofía: "¡Hola Sofía! ¿Qué __________ por aquí?"

4. Marta y Sofía montaron en sus __________ y comenzaron a __________ juntas por el carril para bicicletas.

5. Marta señaló el __________ y exclamó: "Mira, Sofía, los __________ son tan lindos."

6. Marta agradeció a Sofía por invitarla y dijo: "Gracias por

_________ a este paseo en bicicleta, Sofía. Ha sido _________."

Capítulo 17: Preparando una comida especial

Indique cual oración es verdadera o falsa:

1. Marta quería sorprender a su familia con una comida especial.

2. Marta decidió preparar pasta con salsa de tomate casera y albóndigas.

3. El padre de Marta no estaba interesado en probar algo diferente.

4. Marta y su madre pelaron los tomates juntas.

5. La familia disfrutó de la comida preparada por Marta.

6. Marta se sintió triste y decepcionada con la reacción de sus padres.

Capítulo 18: Una excursión a la montaña

Une las parejas correctamente, combinando la primera parte de la oración con la segunda parte:

1. Marta y sus amigos decidieron aventurarse en una emocionante excursión...

2. Comenzaron a caminar por el sendero, siguiendo...

3. Las vistas desde arriba eran...

4. Marta y Laura se detuvieron para...

5. A medida que subían, el terreno se volvía más...

6. Descansaron un poco y luego comenzaron a...

a) ...descansar y disfrutar del hermoso paisaje.

b) ...a la montaña.

c) ...impresionantes.

d) ...empinado y desafiante.

e) ...las señales.

f) ...bajar llevando recuerdos especiale

Capítulo 19: Aprendiendo a bailar salsa

Responde a las siguientes preguntas:

1. ¿Cómo se sentía Laura antes de su primera clase de salsa?

a) Emocionada y nerviosa.

b) Aburrida y cansada.

c) Triste y enojada.

2. ¿Con qué comenzó la clase de salsa?

a) Con un calentamiento.

b) Con un examen.

c) Con una competencia.

3. ¿Qué les mostró Carlos a Marta y Laura para practicar?

a) Movimientos de breakdance.

b) Movimientos de natación.

c) Movimientos más complejos de salsa.

4. ¿Qué hicieron Marta y Laura para seguir las instrucciones de Carlos?

a) Ignoraron las instrucciones.

b) Tomaron un descanso.

c) Se esforzaron por seguir las instrucciones.

5. ¿Qué ganaron Marta y Laura a medida que practicaban?

a) Confusión y frustración.

b) Miedo y desesperanza.

c) Confianza y ritmo en la salsa.

6. ¿Qué hizo Carlos al final de la clase?

a) Los regañó por no hacerlo bien.

b) Los felicitó por su progreso.

c) Canceló la próxima clase.

Capítulo 20: Un día de lluvia en casa

Completa las siguientes frases con la palabra adecuada:

1. Marta estaba _________ en casa debido al mal tiempo.

a) triste

b) aburrida

c) emocionada

2. Angéla propuso hacer una tarde de __________ en su casa.

a) juegos

b) películas

c) compras

3. Marta se mostró __________ por la idea de Angéla.

a) feliz

b) enojada

c) asustada

4. Durante la tarde, Marta y Angéla jugaron a su __________ favorito.

a) deporte

b) juego de mesa

c) instrumento musical

5. Marta y Angéla escucharon el sonido de la lluvia __________ las ventanas.

a) acariciando

b) cerrando

c) golpeando

6. Marta dijo que se divertían mucho incluso sin _________.

a) amigos

b) sol

c) regalos

Soluciones

Capítulo 1: La llegada a la ciudad

1. La protagonista se llama Marta.

2. Marta tiene veinticinco años.

3. Marta se siente emocionada al llegar a la ciudad.

4. Marta lleva una maleta pequeña y una bolsa de mano.

5. Juan es un hombre joven que se encuentra con Marta en la calle y le ayuda a encontrar su camino hacia su nuevo hogar.

6. Marta vive en la calle Mariposa número 23.

Capítulo 2: Tienda de comestibles

1. tienda

2. limpia

3. tomates

4. frutas

5. plátanos

6. tarjeta

Capítulo 3: La reunión con los vecinos

1. VERDADERO

2. FALSO

3. FALSO

4. VERDADERO

5. FALSO

6. FALSO

Capítulo 4: El primer día de trabajo

1. a)

2. c)

3. a)

4. b)

5. b)

6. c)

Capítulo 5: Reunirse con amigos

1. FALSO

2. FALSO

3. VERDADERO

4. FALSO

5. VERDADERO

6. VERDADERO

Capítulo 6: Una visita a la biblioteca

1. a)

2. b)

3. b)

4. c)

5. a)

6. b)

Capítulo 7: Un día en la playa

1. Marta olvidó sus gafas de sol.

2. Miguel le ofreció un par de gafas de sol a Marta.

3. Marta agradeció a Miguel con una sonrisa aliviada.

4. Miguel respondió "De nada, espero que las disfrutes".

5. Marta tomó el sol, leyó un libro y nadó en el mar.

6. Marta se sintió relajada y rejuvenecida.

Capítulo 8: El picnic de Marta y su familia

1. picnic

2. sándwiches

3. manzanas

4. manta

5. perro

6. casa

Capítulo 9: Celebrando el Cumpleaños

1. Marta estaba emocionada porque hoy era su cumpleaños.

2. Ana le había preparado una pequeña fiesta sorpresa.

3. Se encontraron en un parque cercano.

4. Marta y Ana decidieron jugar a la pelota en el parque.

5. Ana casi golpeó a Marta con la pelota.

6. Marta y Ana se sintieron felices y agradecidas por su amistad especial.

Capítulo 10: La visita al zoológico

1. VERDADERO

2. FALSO

3. VERDADERO

4. VERDADERO

5. FALSO

6. VERDADERO

Capítulo 11: La clase de yoga

1. Marta quería relajarse y reducir su estrés.

2. Marta decidió tomar una clase de yoga en su gimnasio local.

3. Marta se sintió un poco insegura.

4. El instructor le sugirió seguir videos de yoga en línea y practicar en casa con un tapete de yoga.

5. Buscó videos de yoga en línea y comenzó a seguirlos.

6. Marta descubrió que practicar yoga en casa era conveniente y relajante.

Capítulo 12: La aventura en el museo

1. FALSO

2. VERDADERO

3. VERDADERO

4. FALSO

5. FALSO

6. VERDADERO

Capítulo 13: Cuidando a la mascota

Marta llegó a la casa de Daniel y encontró a Tomás esperándola en la sala. Después de asegurarse de que tuviera comida, agua y juguetes, Marta se ocupó de cuidarlo durante varios días. También lo llevó al parque, donde Tomás pudo jugar con otros gatos y disfrutar del aire libre.

Capítulo 14: El primer vuelo

1. b)

2. b)

3. b)

4. a)

5. c)

6. a)

Capítulo 15: El festival de música

1. Marta estaba emocionada por el festival de música.

2. Ella fue al festival con Manuel.

3. Descubrieron un ambiente festivo y música.

4. Manuel quería ver a una banda de rock.

5. Descubrieron el escenario de música latina.

6. Marta se sintió feliz y satisfecha.

Capítulo 16: El paseo en bicicleta

1. soleado

2. casco, garaje

3. haces

4. bicicletas, pedalear

5. lago, patitos

6. invitarme, maravilloso

Capítulo 17: Preparando una comida especial

1. VERDADERO

2. VERDADERO

3. FALSO

4. FALSO

5. VERDADERO

6. FALSO

Capítulo 18: Una excursión a la montaña

1. b)

2. e)

3. c)

4. a)

5. d)

6. f)

Capítulo 19: Aprendiendo a bailar salsa

1. a)

2. a)

3. c)

4. c)

5. c)

6. b)

Capítulo 20: Un día de lluvia en casa

1. b)

2. a)

3. a)

4. b)

5. c)

6. a)